AMÉDÉE BESNUS

SALON

de 1875

PRÉFACE DE M. EUGÈNE MONTROSIER

PARIS
ALCAN-LÉVY, IMPRIMEUR-ÉDITEUR
61, RUE DE LAFAYETTE

1875

SALON

de 1875

Tiré à 100 exemplaires

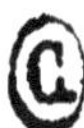

Paris. — Imprimé chez Alcan-Lévy, 61, rue de Lafayette.

AMÉDÉE BESNUS

SALON

de 1875

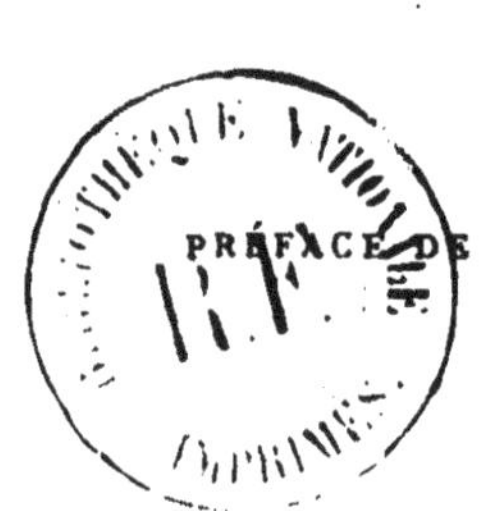

PRÉFACE DE M. EUGÈNE MONTROSIER

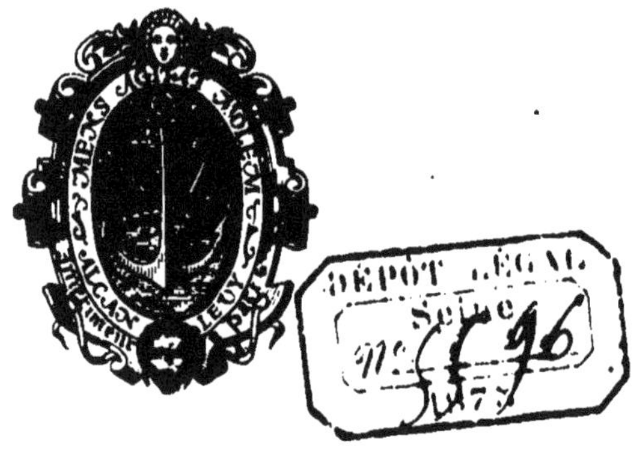

PARIS
ALCAN-LÉVY, IMPRIMEUR-ÉDITEUR
61, RUE DE LAFAYETTE

1875

La Critique est rarement d'accord avec les artistes. Au gré de ces derniers, elle dit trop ou pas assez.

Trop, si elle signale les défauts, combat les tendances funestes, dénonce les compromis, s'arme en guerre contre les systèmes ou les écoles qui lui répugnent.

Pas assez, au contraire, si, trouvant une nature personnelle, un tempérament puissant ou découvrant un homme avec la lanterne de Diogène, elle signale l'un ou l'autre à l'attention de la foule, dévoyée chaque année au milieu de l'Océan-Salon, où le talent est submergé sous le nombre.

D'autre part, les artistes contestent aux critiques le droit de vivre, puisqu'ils voudraient leur retirer le droit de parler. Selon eux, il faudrait, pour tenir une plume, avoir tout d'abord *manié la brosse du peintre ou l'ébauchoir du sculpteur. — Etre à la fois juge et partie! — Ont-ils tort, ont-ils raison? nous ne voulons pas nous prononcer pour ou contre, tenant à isoler du débat la personnalité de la Critique qui, elle, ne doit même pas être soupçonnée, — à plus forte raison, compromise!*

Cependant, cette année, non pour nous, mais bien pour les artistes, nous avons rompu avec les traditions, en revêtant de la robe du juge, en plein prétoire du Musée des Deux-Mondes, *un peintre de talent qui se trouve être, double chance! un écrivain exquis. Deux cordes pour un seul arc, et deux cordes qui vibrent harmonieusement, comme si l'archer improvisé était allé les ravir à la lyre d'Apollon!*

Et voilà pourquoi M. Amédée Besnus, paysagiste sincère, est devenu, de par notre fantaisie, journaliste non moins sincère.

De lui, du reste, est cette devise :

« *Le plus beau privilége du critique, c'est celui de louanger.* »

EUGÈNE MONTROSIER.

SALON

de 1875

I

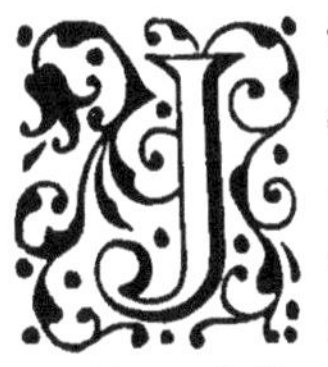

'HÉSITAI longtemps avant d'agréer l'offre qui me fut faite d'écrire dans ce recueil le compte-rendu du Salon de cette année. Je craignais, en acceptant cette tâche ardue et délicate, de ne pouvoir réussir à concilier ma liberté d'appréciation avec les exigences de la critique, si bienveillante qu'elle fût. Je ne me dissimulais pas non plus la difficulté grande que j'aurais d'avoir la plume. assez légère, pour ne pas risquer d'irriter, en appuyant trop sur les pleins, la fibre fort sensible, comme l'on sait, des broyeurs de rose... ou de noir.

Cependant, la petite voix intérieure dont parle quelque part Jean-Paul, me chuchota tout bas des raisons tellement persuasives et concluantes, me faisant entrevoir la possibilité que le hasard m'offrait de pouvoir rendre quelques légers services à de jeunes artistes en appelant l'attention sur leurs œuvres trop souvent inaperçues, qu'écartant alors tout scrupule, je dus consentir à donner mon adhésion, me rappelant et arborant cette vieille devise : Fais ce que dois, advienne que pourra!

Dans cette idée, je résolus d'écarter énergiquement toute question de rivalité d'école, de parti pris (j'allais dire de coterie), de faire abstraction complète de mes préférences personnelles, et tout en réclamant une indépendance absolue dans mes jugements, d'être assez sincère pour mériter quelque bienveillance de la part de mes confrères.

Ceci dit en manière de préambule, et sans m'attarder davantage, j'entre en lice résolûment.

Par une habitude buissonnière, je ne suivrai aucun ordre régulier, et ferai en quelque sorte une course au clocher à travers les salles de l'Exposition, citant comme elles se présenteront les œuvres qui me sembleront intéressantes à divers titres, me réservant de revenir sur mes pas, de réparer des oublis et d'analyser plus longuement les ouvrages qui me paraîtront mériter (comme dit Brantôme) « un peu plus d'écriture ».

Après avoir gravi le premier étage, il est bon de se préparer au fatigant voyage que l'on va entreprendre de A à Z, au milieu de cet éblouissement de peintures multicolores, plus ou moins disparates ou harmonieuses, par une halte au vestibule.

Ce ne sera certes pas du temps mal employé, car il y a là des émaux, des camées, des ciselures fort remarquables, et qui commandent l'attention.

Je commencerai par le portrait de F. Berton, l'excellent comédien, au centre de huit cartouches allégoriques fort ingénieux par M. Ostolle, puis le *Mois d'avril*, d'après Hemling, et deux autres d'après Aldegraver par Poiret, conservant bien le caractère particulier de ces maîtres primitifs, tant comme dessin que comme couleur. M. Dubois est l'auteur de deux curieux émaux d'après Cellini et Carrache, et M. Meyer a reproduit le *Condottiere* d'Antonello de Messine avec grand talent. Un *François I*[er], par M. Hück et une *Diane de Poitiers*, par madame de Mansuy-Dotin, sont ecore fort remarqués et à juste titre. Il faut louer également une *Bacchanale* d'une merveilleuse finesse d'exécution d'après le Poussin, camée sur pierre dure par M. Victor Davau ; un *Persée*, camée sur sardoine par M. Gerard d'après Benvenuto ; et de M. Hue, un délicieux petit buste de Diane de Poitiers, plus un camée sur onyx représentant Provost de la Comédie-Française, d'une extrême délicatesse de modelé et d'une ressemblance parfaite. Examinez également deux vases en argent repoussé dus à la collaboration de M. et Mme Vernaz-Vechte, représentant l'un, l'Amour enchaîné, puis consolé, et finalement vainqueur; et l'autre, Vénus et les Amours; et, pour abréger, une ravissante petite statuette de l'Amour, en ivoire agrémenté d'or, d'argent et de pierres fines par M. Moreau-Vautier. Maintenant un beau carton par M. Puvis de Chavannes, *Sainte Radegonde donnant asile aux poètes au couvent de Sainte Croix*, rempli d'air, de lumière et d'un faire moins lourd que ses peintures. Enfin, citons pour terminer un bon dessin de M. Matout, *Saint-Louis enterrant les morts sur le champ de bataille, en Syrie*, et un grand carton de verrière par M. Hussenot, où l'on trouve des figures d'un beau caractère.

Maintenant, pénétrons dans le grand Salon carré ou d'honneur, comme l'on voudra, bien que cette appellation ne me semble guère justifiée, étant donné le nombre de toiles fort bénignes qui s'y trouvent, et celui non moins grand d'œuvres remarquables qui y brillent.... par leur absence.

Mais ne chicanons pas trop sur les mots et signalons tout d'abord *la Respha* de M. Georges Becker, toile de proportion colossale et assurément l'une des plus sérieuses du Salon.

Sur un ciel sombre et livide, se dresse une immense potence à laquelle sont crucifiés les sept fils de Saül, livrés par David aux Gabaonites. Respha, leur mère, armée d'un rugueux bâton, s'avance farouche et terrible, défendant ces cadavres et les préservant de l'atteinte des vautours fauves et des Gypaëtes affamés. La figure de Respha est superbe de caractère, le dessin en est fier et puissant, et sa robe, qui dessine ses formes robustes, est d'un ton jaune sourd extrêmement harmonieux, se détachant en lumière sur les vigueurs des fonds chauds et vineux. Le ciel rayé à l'horizon de bandes d'un vert glauque et sinistre, concourt encore à l'horreur de ce drame grandiose. L'exécution est vaillante, et les corps des martyrs modelés avec une grande science anatomique.

A côté de cette page magistrale, écrasante pour l'entourage, tout s'efface et s'annihile. Le groupe de figures symbolisant le *Remords*, par M. Baader, semble fade au possible; et cependant il y a de réelles qualités de dessin, dont on ne tient peut-être pas assez compte.

Proche de l'œuvre sévère de M. Becker, se trouve un *Washington acceptant la soumission des Anglais en présence de Rochambeau.* Ici, les tons rose et bleu tendre dominent et charment d'autant mieux le regard qu'à quelques pas on prendrait ces héros de l'indépendance américaine pour un bouquet de fleurs. Cela ne veut pas dire que les qualités de M. Armand Dumaresq fassent défaut, tout au contraire; l'exécution y est d'une habileté surprenaμte ; l'air circule parfaitement à travers les groupes échelonnés aux différents plans, et le soleil inonde la toile, trop peut-être.

Au-dessus d'un gracieux portrait de femme, par M. J. Lefebvre, le maréchal de Mac-Mahon apparaît calme au milieu du fracas de la mitraille et s'élance *En avant*. Il y a beaucoup d'entrain dans cette œuvre importante de M. Betsellère, et l'exécution y est à l'unisson du sujet.

Voici un épisode du siége par M. Berne-Bellecour :

Des Tirailleurs de la Seine, au combat de la Malmaison, sont embusqués dans des vignes roussies par les premiers froids, et affectent des postures diverses très justement observées. L'aspect de cette toile est des plus soleilleux et les taches noires des tuniques s'enlèvent franchement sur les chaudes colorations des pampres d'automne. Un peu de sécheresse notamment dans les feuillages qui semblent métalliques, voilà ce me semble la seule observation que l'on puisse raisonnablement faire sur cette œuvre intéressante, si précise et si sincère. *La Brèche*, du même auteur, offre les mêmes qualités et suggère les mêmes réflexions. Il faut s'arrêter maintenant devant un fort beau portrait d'homme, par M. de Winne, ce maître si sévère et si simple, et ne pas regarder plus qu'il ne mérite de l'être, le *Charrette* de M. François Lafon, au costume bleu azur s'enlevant sur un fond crémeux. Le paysage que M. Ordinaire intitule : *le Ravin du puits noir*, est fort beau ; les roches sont solides, les eaux d'une extrême limpidité et la composition a de la grandeur. Il y a dans ce tableau comme un heureux mélange du maître d'Ornans mitigé de Français. On pourrait choisir plus mal ses modèles. Puisque nous sommes à la campagne, restons y avec M. Ed. Yon. Roulons-nous sur l'herbe tendre, sans cependant faire trop de bruit, de crainte d'effaroucher les goujons craintifs et avisés auxquels une jolie « pêcheresse » tend le perfide appât. Comme il fait frais, comme les saules frémissent dans ces deux charmants paysages! les joncs y chuchotent si doucement sous les caresses de la brise qu'on s'étendrait volontiers sur le dos, les yeux mi-clos en rêvant à la friture promise. Cependant, il nous faut rendre visite à M. Alma-Tadéma, et entrer dans son *Atelier* où déjà des amateurs silencieux regardent les œuvres ébauchées. Le peintre est là, debout, faisant les honneurs de son intérieur à des dames pompéïennes qui l'écoutent curieusement. La couleur de M. Alma-Tadéma ne captive pas tout d'abord; il faut se faire à cette harmonie pâle et tranquille; alors, seulement, on apprécie les fines demi-teintes des chairs, les blancs amortis des vêtements, et l'on s'en va, emportant une impression douce et pénétrante de cet art si original et si peu tapageur.

Je signale, en passant, une grande *Lionne gardant sa proie*, par M. Andrieu, dans un cadre qui n'a pas deux pieds. Mais la grandeur mathématique ne préjuge rien en art, et tel peintre prend une toile énorme qui fait mesquin et lilliputien. M. Léwis Brown est toujours le peintre spirituel, à la coloration riche et vigoureuse que vous savez. Ses trois tableaux sont prestement enlevés à la pointe du pinceau avec une sûreté de touche surprenante et qui termine précieusement les détails tout en indiquant grassement les parties subordonnées au motif. Sa manière rappelle beaucoup, surtout dans ses *Maquignons*, l'école anglaise, Gainsboroug, particulièrement.

M. Brunet-Houard, dans sa *Mort du Sanglier*, le rappelle un peu avec plus de solidité. Je note tout de suite, de crainte d'oubli, un *Lapin à la casserolle*, de M. Attendu, dont Chardin lui-même rêverait. Puis, pour varier les impressions, je m'arrêterai devant la *Vierge*, de M. Bouguereau, que j'ose déclarer fort belle ; je me permettrai d'en trouver plusieurs parties, entre autres le corps du petit Jésus, d'un ton charmant et d'un modelé exquis. Je n'ignore pas que je mériterai quelque pitié dédaigneuse en disant aussi que sa *Baigneuse*, d'un dessin châtié et d'un mouvement très juste et très vrai, est une des meilleures figures nues du Salon.

J'essaierai de me faire pardonner en avouant que je n'aime pas le *Zéphire* dont la couleur semble fanée et que je l'abandonne aux fougueux partisans de M. Manet, pour en faire ce qu'ils voudront. A présent, si après un regard donné au *Taureau* de M. La Rochenoire, qui se frotte contre la porte, vous voulez bien me suivre, nous irons tout droit, sans nous retourner vers le *Salvator Mundi*, de M. Monchablon, directement nous installer devant la toile capitale de Jules Breton, après avoir toutefois jeté un coup d'œil sur la marine si clapotante de M. Appian, et les paysages de M. Beauverie, d'un effet vrai quoiqu'un peu lourds dans les ciels et les eaux.

M. Jules Breton est toujours l'artiste amoureux de son art, épris des belles scènes champêtres qu'il a constamment sous les yeux, et ne sacrifiant pas au succès banal du Salon — la seule préoccupation de tant d'autres peintres !

Il ne songe, lui, qu'à peindre selon son cœur, étudiant sans cesse et mettant tous ses efforts à concilier de plus en plus la réalité des travaux rustiques avec la sereine poésie qui s'en dégage. Son tableau de cette année ne le cède pas en perfection à ses œuvres précédentes et son dessin même va s'affirmant et s'épurant toujours. Nous sommes à la Saint-Jean, et les jeunes paysannes dansent une ronde folle autour des grands feux qui illuminent leurs joyeux visages. Plus loin, d'autres groupes encore, et l'effet de toutes ces lumières éclatant sur le ciel sombre de la nuit, est de la plus complète vérité. Les têtes sont délicieuses d'expression, et les extrémités, sans cesser d'appartenir à des filles des champs habituées aux rudes labeurs, sont dessinées avec la plus grande finesse.

Je ne puis en vérité, malgré mon désir, faire les mêmes éloges au frère de ce charmant artiste, M. Emile Breton.

L'exécution de ses paysages est d'un lâché qui n'est même plus racheté par la vérité. Dans sa *Neige*, préoccupé d'une note chantante, il a placé une sorte de baraque d'un certain vert perruche d'un effet criard des plus désagréables. Son *Troupeau* est terne èt roussi, et quant au mieux des trois, *le Soir*, il reste inférieur, on l'avouera, aux précédentes productions de ce talent aux abois. On dirait que M. Émile Breton ne se préoccupe plus assez de la nature et peint trop confiné dans son atelier. Qu'il revienne donc au plus vite à la grande maîtresse, et il rattrapera aisément le terrain perdu.

M. Bellet du Poisat, qui, cela se voit, admire Delacroix, a fait dans le sentiment du maître une Marine fort lumineuse où il a représenté le *Christ marchant sur les eaux* et stupéfiant des pêcheurs par sa miraculeuse apparition.

Le tant regretté Corot a trois toiles extrêmement remarquables, mais celle surtout, intitulée *Biblis*, est une merveille de lumière et de limpidité ; l'exécution en est d'une souplesse rare. Voilà pour le rendu, mais ce qui est inénarrable, c'est la poésie immense dont ce splendide paysage est imprégné. Revenons maintenant aux misères humaines et citons élogieusement *les Blessés au lendemain de Waterloo*, par M. Bayard. Dans une écurie immense, sont dispersés (peut-être même un peu trop) des blessés. Au centre, une lutte s'engage entre des grenadiers français et des Prussiens mutilés affreusement Hélas ! c'est de l'histoire, la plus sombre, et cela s'éloigne considérablement des paysages radieux du grand poëte Corot. L'effet est fort juste, tout est dans la demi-teinte et une touche de lumière fort ingénieusement posée dans le ciel détermine seule l'impression. Les figures sont peintes avec l'adresse habituelle de M. Bayard, et dans des mouvements très vrais. Je passe rapidement, et pour cause, devant les Vaches flamboyantes de M. Belly, qui jadis... mais ce temps est loin ! et je vous signale un homme qui va progressant à vue d'œil, et dont j'apprécie singulièrement le talent sincère. Je vous présente M. Barillot. Ses trois tableaux d'animaux démontrent de fortes et sérieuses études sur nature, mais la *fontaine* est celui que je préfère. Le bœuf blond qui vient boire est supérieurement peint et dessiné juste, et quant à la fille au caraco bleu céleste qui se tient près de la margelle, elle est exquise de finesse et de lumière. Enfin ! voici donc un peintre d'animaux sérieux. Pour M. Bonvin, je regrette de le trouver sec, à force de précision, et, malgré des qualités de premier ordre, il s'assombrit de plus en plus.

Un bon point à M. Germain Bonheur, pour son paysage avec moutons, et un autre également à M. Bonnefoy, pour son *Automne* et ses *Anes* malicieux et drôlatiques. Qu'il est donc réjouissant celui qui veut escalader la barrière, et quelle jolie grimace il fait ! M. Besnard a une jeune femme vêtue de satin blanc qui devient noir à force d'ombre et qui paraît en plomb sur le ciel laiteux.

Il y a néanmoins de remarquables qualités d'exécution ainsi que dans le jeune Garçon qui rappelle le faire de Reynolds et est d'une délicieuse couleur. M. Beauvais a deux paysages lumineux, sincères et honnêtes, quoique un peu secs d'exécution. Je note de suite *les environs de Pressy*, par Chauvel, très piquants d'effet, et deux *marines* de M. Letrône, auxquelles il ne manque qu'un peu d'accent, de vigueur, par exemple dans les barques, pour être complètes. Je n'étonnerai personne en disant que M. Bouché est un paysagiste d'avenir et que son *Troupeau* traversant le village en plein soleil et en pleine poussière est peint à ravir ; le ciel est criblé de lumière, les murs seuls me semblent manquer de solidité. M. Boudin, lui, ne progresse pas, et c'est grand dommage, car il était en bon chemin ; il devient de plus en plus décoloré et lourd. Pour ceux qui aiment la bonne peinture ferme et puissante, *le Moine*, de M. Benner, les contentera certainement, de même que le portrait si vivant de Jules Claretie, par Bonnegrâce, et celui de M. X., par Bastien-Lepage, sur lequel j'appelle toute votre attention. M. Caillou, un vrai nom de paysagiste, a deux paysages dont le principal, *une Rue de village*, est frais et lumineux.

II

Nous arrivons à la *Madeleine* de M. James Bertrand. La belle pécheresse est là, étendue sur la cimaise et abîmée dans sa méditation sur l'instabilité des choses humaines. C'est bien la pauvre fille étiolée et flétrie après tant d'amours et de joies ineffables. M. Bertrand se complaît dans les scènes de souffrance, et ses héroïnes ont toujours le cœur brisé. Cette préoccupation des larmes lui a fait une originalité indépendante de ses qualités de peintre. Son dessin châtié et délicat, sa couleur d'une harmonie blonde et discrète, tout montre que pour M. Bertrand, l'art n'est que l'expression de ses sentiments intimes, et c'est là évidemment ce qui explique la douce quiétude que l'on ressent devant ses œuvres. Tout son mérite est là; ne lui demandez pas une exécution plus vigoureuse et plus de puissance de coloration, il faut l'accepter tel qu'il est, car c'est de lui qu'on peut dire sûrement comme chez Jules Breton, l'artiste c'est l'homme. Sa *Lesbie*, accablée et prête à défaillir devant le cadavre de son cher moineau, a un style sobre et une simplicité de lignes qui en font une figure de caractère; les bras et les mains sont excellement peints et dessinés. J'avoue goûter moins son jeune Enfant qui, dans une balance, semble vouloir symboliser la connaissance de soi-même, comme l'indique le titre. Dessinée et modelée savamment, je doute néanmoins que le public goûte et comprenne bien cette idée philosophique.

M. Anker aime également les scènes tranquilles et légèrement teintées de mélancolie. Il y excelle du reste, et sa *jeune Fille lisant un verset de la Bible* au chevet d'un huguenot moribond, continue la série de ses précédentes productions. Pour M. Ballavoine, il préfère peindre les jupes de soie et les guitares aux tons roux avec rubans roses à la clef; et s'il fait pleurer une jolie fille, ce n'est qu'un prétexte à anthithèse, après avoir fait rire aux oiseaux quelque belle mondaine. Ses deux tableaux, la *Joie* et la *Douleur*, offrent de jolis tons, un faire souple et facile ; seulement il ferait bien de grossir un peu la tête de ses cigales. Ceci dit, je note le *Liseur* de M. Brilloin, largement peint et d'une chaude couleur, ainsi qu'un excellent portrait de femme par E. Blanchard ; puis après avoir signalé des fleurs riches et superbes de M. Brunner-Lacoste et des raisins transparents de M. A. Bavoux, j'arrive à M. Beyle et à son envoi : *Bayard et les jeunes filles de Brescia*. Il faut avouer que la maladie a bien quelque charme quand elle est suivie d'une si agréable convalescence. Beaucoup voudraient être malades à ce prix, car c'est ce qu'on peut appeler véritablement une convalescence en musique. Sont-elles assez affriolantes, les jeunes filles ! surtout celle qui, vêtue de velours cramoisi, et assise aux pieds du guerrier, renversant par un mouvement gracieux sa tête mignonne, met toute son âme dans l'accompagnement de la romance!

L'harmonie générale du tableau est dans une gamme contenue quoique colorée, et l'exécution est d'une rare habileté :

Je ne ferai qu'un reproche, non à M. Beyle, mais à Bayard (lui qui pourtant n'en méritait pas) : il a le nez trop long et les yeux trop bouffis ; après ça, la maladie vous change tellement un homme !!!! Parlons un peu de la *Confession*, du même auteur. Quelle délicieuse créature que la pénitente, et le bon Rabelais a bien de la peine à garder son sérieux en écoutant l'aveu de ses péchés mignons. Il paraît même tout disposé à lui pardonner et lui donner le baiser... de paix. M. Beyle a un troisième tableau... à musique et les premières notes des deux jouvenceaux doivent être tendres comme le printanier paysage qui les encadre. Nous ne pouvons mieux compléter cet article qu'en citant le *Dessert* et la *Langouste* si riches de couleur, de M. Bergeret, et après avoir passé au plus vite devant le *César* bilieux de M. Bin, nous nous arrêterons devant la toile si ensoleillée de M. Gustave Colin, le *Jeu de paume* dans les Basses-Pyrénées, d'une grande originalité et d'un brio étourdissant.

Bonnat, dont le nom brille au ciel de l'art comme un astre de première grandeur, a le privilége d'exciter vivement la curiosité, et chacune des productions de sa brosse vaillante fait éclater des fanfares joyeuses comme aussi des critiques ardentes.

Travailleur infatigable, M. Bonnat produit sans cesse, ingénieux à varier les motifs de ses créations. Après avoir en quelque sorte inventé les *Petits Italiens* demandant (*uno baïocco*), raclant l'aigre violon ou dormant au soleil, il peignit son *Saint-Vincent de Paul,* un chef-d'œuvre! Hier, c'était un *Christ crucifié* d'une extrême puissance d'effet et de modelé; aujourd'hui, c'est le portrait d'une charmante actrice, *Mme Pasca.* Cette belle page suggère des réflexions inattendues. Une de celles dont on vous fatigue le plus les oreilles, a trait à l'admirable robe blanche bordée de fourrure noire, dont, paraît-il, on ne peut exactement déterminer la matière. Sans s'arrêter plus qu'il ne convient à cette question spécieuse, nous croyons qu'il faut admirer sans réserve la vaillance de l'exécution, l'étonnante lumière et le relief extraordinaire de cette remarquable figure. Les mains sont superbes et le bras est merveilleux de modelé et de couleur; quant à la tête, elle rayonne d'intelligence, et respire. Le portrait de l'auteur par lui-même est aussi fort beau dans sa gamme sombre où éclate un point rouge fort adroitement indiqué.

De M. Bonnat à M. Cot, la transition est brusque; c'est passer d'un fleuve à un ruisseau, mais ruisseau charmant il est vrai, aux glouglous délicieux. Sa *Madeleine* n'est pas encore, Dieu merci! trop *abîmée*, et elle semble du reste réfléchir bien amèrement au coup de tête qu'elle a fait en se retirant dans l'aride désert. On peut espérer la retrouver un jour dans le monde... de Bullier. L'auteur de la *Balançoire* fait joli, c'est là sa spécialité, et les dames savent bien ce qu'elles font en se faisant peindre par lui.

J'avouerai néanmoins préférer à tant de grâce la mâle facture des *Lutteurs* de M. Falguière.

Qui aurait prévu un tel succès, en tant que peintre, à l'auteur du *Vainqueur au combat de coqs* et de la *Statue de Corneille.* Et cependant, il est incontestable que M. Falguière vient de se placer d'un bond parmi les plus forts et que son tableau compte parmi les quatre ou cinq des plus remarquables du Salon. Qu'un sculpteur connaisse la structure du corps humain et sache attacher solidement une rotule, cela se conçoit; mais ce qu'on attendait moins et qui a produit un réel étonnement, c'est la largeur de l'exécution et le ton chaud, vigoureux, de cette œuvre originale et puissante. Il y a même de certaines colorations des plus osées que ne désavoueraient pas les plus francs coloristes. Le groupe des lutteurs est d'un agencement de lignes des plus heureux, l'effet général fort bien compris, avec de belles masses d'ombres transparentes s'harmonisant avec les rouges des gradins où s'échelonnent les spectateurs.

Ce début est un coup de maître assurément.

Allons voir maintenant le superbe portrait du *général Billot!* par M. Feyen-Perrin. La tête, énergique, est modelée en pleine pâte et en pleine lumière, d'un ton superbe. La figure, bien campée, s'enlève franchement sur un fond de neige d'un ton très fin. Près de ce beau portrait, se trouve un important paysage par M. Français, puis un autre encore de moindre dimension, mais de bien grand mérite, intitulé le *Ruisseau du Puits noir*. Ledit ruisseau est d'une extrême transparence et le rocher à droite dans l'ombre fait une localité d'un ton gris bleuâtre on ne peut plus juste. Disons tout de suite tout le bien possible des portraits réunis de *M. Edwards* et de *sa femme* par M. Fantin-Latour, et profitons de l'occasion pour mentionner avec éloge la *Tamise à Twickengham* par le fin graveur anglais.

Revenant alors sur nos pas, nous nous reculerons un peu pour mieux embrasser l'ensemble du grand et si lumineux paysage de M. Karl Daubigny. L'impression est très forte et je ne crois pas que ce jeune et vaillant peintre ait jamais fait mieux que cette toile claire et blonde, digne de son père incontestablement. Allez voir après cela les

Genêts noirâtres de M. Bernier, et vous jugerez mieux encore du mérite de la *Vallée de Portville.* Voyez aussi le *Vieux chemin à Auvers*, où éclate un pétard de soleil, par M. Damoye, et la *Rue à Fourcherolles*, de M. Dameron, et après vous être recueilli devant le *Soir* si mélancolique de M. Daliphard, vous vous délecterez à la vue des marines clapotantes de M. Clays, dignes des plus fameux maîtres hollandais.

Il y a loin de la Hollande au boulevard Saint-Denis, et cependant il faut absolument voir défiler le régiment de M. Detaille. Comme c'est bien fait, entends-je dire autour de moi ! Certainement oui ! et trop bien même, car tout en sachant que ce n'est là qu'un prétexte à binettes drôlatiques, je ne puis m'empêcher de faire cette observation: que les figures, et elles sont nombreuses, présentent toutes le même intérêt, le tambour-major lui-même perd de son importance comme figure principale, et si tout cela, en fin de compte, est amusant, la question d'art est bien un peu mince. Tenez ! je l'avoue, je donnerais tous les tambours-majors du monde pour la *Fromagerie en Auvergne*, de M. Bail, si intelligemment peinte dans une coloration chaude et vigoureuse, ou bien encore la petite *Naïade*, couchée sur l'herbe et sur le dos, de M. Henner. Voilà de la bonne peinture cette fois, de même que les *Marines* de M. Lapostolet, si étincelantes, et qui font du tort à celles pourtant si habiles de M. Lansyer. Puisque nous sommes dans la bonne peinture, restons-y, et regardons un grand et lumineux paysage, très vigoureusement tripoté par M. Gosselin, dans la manière de J. Dupré. Je ne sais si M. Gosselin approuvera cette appropriation, et cependant c'est le plus bel éloge que je puisse faire de cette remarquable *Lisière de bois*.

Galendor et Castillo sont deux chiens superbes et bien

râblés, peints à ravir par M. Hermann-Léon, et M. V. Leclaire est l'auteur d'un splendide tableau de Gibier, religieusement gardé par un superbe braque et accommodé de la plus crâne façon dans le sentiment de Jean Fyt, le grand animalier flamand. Maintenant, accordez quelques instants à un modeste petit *Intérieur de jardin de couvent*, où des moines vont et viennent silencieux, et signé Eug. Isenbart, et quand vous aurez souri au *Rieur* de M. André Gill, excellemment peint, ainsi qu'à *l'Oie plumée* de M. Galibert, digne de Ribot, alors plantez-vous droit devant le Hanoteau. Il est beau, je vous assure, et cousin germain du fameux Paradis des oies de radieux souvenir.

Ici c'est véritablement le Paradis des grenouilles, car le premier plan en est littéralement tout farci, et de grandeur naturelle, s'il vous plaît.

Le soleil inonde les fonds où l'on aperçoit un chariot conduit par des bœufs nivernais, tandis que les devants, plantureux au possible, sont noyés dans une eau transparente, reflétant les grands joncs et les oseraies touffues, où la grande famille des batraciens a élu domicile. On voit que M. Hanoteau habite la campagne et rend visibles, peut-être à son insu, des impressions que ne parviennent jamais à exprimer les paysagistes citadins. Encore de la bonne peinture, le *Marécage d'automne* par M. Jacomin ! d'un ton puissant et fin et qui mériterait une description détaillée, tant il a de qualités de premier ordre, si notre cadre n'était si restreint. Nous sommes obligé de citer à la hâte de brillants *Coquelicots*, de M. Quost, et de M. Domer des *Fleurs dans un vase*, d'une couleur ravissante comme d'une exécution extrêmement originale. — Un paysage d'un grand caractère, avec des sangliers barbotant dans la vase, par M. Jean Desbrosses. On retrouve dans cette œuvre remarquable le profond sentiment de Chintreuil. Puis un Marais aux eaux limpides, d'Eug. Lambert; des Fruits savoureux, de Claude, et des Poissons qui sentent la marée, de Fr. Bisson.

III

Avez-vous vu la *Jeune Femme surprise* de M. Axenfeld ? sinon je vous conseille d'aller lui rendre visite, elle est bien gracieuse et vaut la peine qu'on se dérange. Puis, si vous voulez vous récréer un instant, faites halte devant les *Trois Insouciants*, de M. Ed. de Beaumont. Ils sont ma foi fort drôles, les deux amoureux, assis dos à dos au soleil près d'un tombeau qui leur sert de support, et auquel la jeune folle a accroché son coquet chapeau rose. Elle fume philosophiquement une cigarette, tandis que son jeune homme dort à poings fermés. Leur compagnon, l'âne, profite de la sieste pour brouter l'herbe du pré.

Tout cela est bien un peu faux de ton, mais l'on m'assure que M. Ed. de Beaumont le fait exprès. Eh bien ! mais alors ! comme dit Pangloss : « Tout est pour le mieux dans le meilleur des mondes possible. »

N'oublions pas de mentionner un *Job sur le fumier* très ragoûtant .. d'exécution, par M. Gervex ; une *Lecture sous Charles VII*, petite toile d'une coloration discrète, bien appropriée au sujet par madame Marie Bracquemond; et de M. Ulysse Butin, des *Femmes de pêcheurs guettant le retour des barques.* La mer est houleuse, et, anxieuses, elles interrogent l'horizon où apparaissent quelques voiles. Ce tableau est comme imprégné d'air salin. Maintenant, qu'y a-t-il de plus vrai, de plus aéré que la *Vue prise du quai d'Orsay*, par M. Guillemet? Le ciel est délicieux de lumière argentine, et il est dommage que le palais de la Légion d'honneur, qu'un rayon pâle illumine, soit un peu sec d'exécution et détonne légèrement dans l'ensemble de ce tableau remarquable, dont, en une heure, M. Guillemet rétablirait facilement l'unité.

La *Cavalerie rurale*, de M. Jules Héreau, est un peu monotone d'ensemble, peut-être manque-t-il un accent vigoureux quelque part, l'âne du milieu, par exemple; mais que toutes ces rosses sont donc vraies d'allure, j'allais dire d'expression. Citons, avant de quitter M. Jules Héreau, ses *Herbages au bord de la mer*, pochades des plus croustillantes de couleur et d'une vérité inouïe. Nous pouvons mentionner avec éloges des *Fleurs des champs* fort remarquables, et signées Louise Darru. Faut-il maintenant sacrifier à la mode et parler des délicates mièvreries de M. Firmin Girard? Ma foi! j'aime mieux m'occuper de M. Carolus Duran, après avoir indiqué toutefois aux amateurs de peinture sincère, un vigoureux paysage de M. Berthelon, ainsi que les *Bonnes... vieilles amies* de M. Jarraud.

La Fin d'été, par M. Carolus Duran, soulève bien des objections. Nombre de gens des plus difficiles en trouvent la couleur trop intense pour leurs yeux sensibles et *bleu tendre.* On ne peut que conseiller à ces délicats l'usage des verres teintés.

Pour moi ! j'aime les audaces, dussent-elles dépasser un peu la mesure, et par ce temps d'affadissement, j'estime qu'une personnalité comme M. C. Duran est une véritable trouvaille.

Etant admise la violence du paysage, dont le temps, ce grand harmoniste, aura raison lorsqu'il aura passé sa patine ambrée sur certaines notes trop exaltées, on ne peut que louer la charmante coloration des figures, *si bien dans l'air*, qualité peu commune chez les peintres dits d'histoire, préoccupés médiocrement des finesses nacrées des carnations féminines. Celle qui, à gauche, se montre assise et de dos, se modèle à ravir dans une exquise demi-teinte, de même que les trois formant le groupe de droite, dont une se détache, dans une valeur rare, sur la blancheur adoucie d'un linge.

Seule, *couleur à part*, la svelte baigneuse debout, au premier plan, peut sembler légèrement molasse, mais quelle est l'œuvre (*senza errore*), et M. C. Duran lui-même ne s'abuse certainement pas jusqu'à croire qu'il a fait un chef-d'œuvre. Le portrait de madame X.... manque d'accent et ne s'affirme pas comme celui si vivant de *mademoiselle Sabine*, fille du peintre qui, la main posée sur le col d'un grand lévrier supérieurement brossé, semble sortir du cadre.

Le buste de *madame Galli-Marié*, par M. Delaunay, a un certain caractère italien, et on pourrait le croire détaché d'une toile du Pordenone; mais que dire de la *solide* dame en robe jaune, aux chairs plombées! J'aime encore mieux l'énergique profil se découpant sur fond *serin*, par M. Jobé-Duval. Mais cela ne vaut pas *la Jeune Mère*, si peu prétentieuse et si joliment peinte par madame Colin-Libour.

M. Jules Didier est toujours monotone, néanmoins *le Tibre près de son embouchure* arrête le regard et le retient. De grands bœufs romains, aux cornes démesurées, dessinent leur vigoureuse ossature sur la lumière pâle des eaux limoneuses ; et des goëlands tachent le ciel sombre. Cela a une belle allure et la tonalité est moins roussâtre que d'habitude. *Les Villages sur le Bosphore*, par M. Brest, sont bien maladifs. Qu'est donc devenue la clarté rayonnante qui illuminait les œuvres antérieures de cet excellent artiste? M. Bodin, lui, a pris carrément son parti, il a supprimé le soleil. Sa *Lisette* lui a tenu la chandelle tout le temps qu'il s'est mis à la peindre, et, en vérité, on ne peut rien imaginer de plus gracieux que cette belle fille rougissante. Pour M. Delobbe, il a préféré la lune, affaire de goût, et s'inspirant des *métamorphoses du doux Ovide*, il a évoqué les ombres de *Pyrame et Thysbé*. Celle-ci, accablée par la douleur en retrouvant le corps de son cher amant, imprime de brûlants baisers sur son front glacé. L'effet est fort juste, en général, quoique un peu trop vif, le dessin est châtié et la tête de Thysbé est très dramatique. Le portrait de madame X. est un peu éteint, mais fort distingué. Intercalons ici *le Bouquet de roses* et *les Lilas* de M. Kreyder, d'une délicieuse couleur, ainsi qu'un excellent portrait de *ma tante Louise*, par M. Baud-Bovy, et mentionnons le *Retour des Pêcheurs*, toile empreinte d'un beau caractère, par M. Eugène Decan, qui a une autre étude excellemment traitée, et surtout bien intéressante, en ce qu'elle représente le *père Corot* en blouse et peignant sur nature, en fumant sa vieille pipe. N'oublions pas *la Tricoteuse* si ensoleillée, de M. Billet, ni sa *Bûcheronne*, revenant par la neige et se découpant sur le ciel éclairé, tout à fait dans le sentiment de Jules Breton. Un regard et un éloge à M. René Tener pour *sa Plâtrière à l'Isle Adam*, qui fait songer à V. Dupré, ce qui est un bon songe. Respirons maintenant les magnifiques *Roses* de M. Perrachon, qui attend toujours une médaille (qu'il n'aurait pourtant pas volée!), et comme transition à la peinture trop académique représentée par une grande diablesse de toile, expédiée de la ville éternelle par M. Lehoux, le lauréat du Salon dernier, nous placerons un *faux Dégel* au soleil couchant de la plus grande vérité, ainsi qu'un *Automne*, d'une coloration des plus riches, par M. Saint-Marcel, le fervent disciple et admirateur d'Eugène Delacroix.

Certes, M. Lehoux aura une rude revanche à prendre, car son *Samson* n'est pas fort, malgré son prodige d'équilibre, et il faut espérer que M. Cormon, le nouvel élu, qui vise à la couleur, le réchauffera un peu par sa présence à la villa Médicis. Sa *Mort de Ravana* est extrêmement originale et fait augurer un bel avenir à son auteur.

Introduisons-nous maintenant dans le *Gynécée*, conduit par M. G. Boulanger. L'aspect en est bien un peu froid, mais on s'y fait vite, et puis il y a de si gracieuses filles aux formes tentatrices, qu'on ne sait vraiment à laquelle jeter le mouchoir. Est-elle assez délicieuse celle qui tient un éventail de plume de paon, et aussi la jeune femme arrosant les fleurs du parterre! J'aime mieux, avouons-le, la peinture plus corsée, plus chaleureuse, mais il en faut pour tous les goûts, et le champ de l'art est si vaste qu'on peut y cueillir les fleurs les plus variées. A propos de peinture corsée, l'on serait difficile si l'on ne se trouvait satisfait des portraits si *crânes* de M. et Mme Viardot, par M. Harlamoff, un nom nouveau qui en rappelle un ancien, le magicien Rembrandt.

Le nom de M. Hébert mérite un tel respect, que je ne me permettrai pas de discuter ce beau talent étiolé et qui semble atteint par *la Mal' aria.*

M. Humbert a un *Christ à la colonne.* Que ce soit là le Christ, c'est affaire de bonne volonté; toujours est-il que c'est une excellente figure dont le seul tort est d'être trop pastichée des maîtres vénitiens. Pourquoi aussi ce trait noir qui cerne les contours? Giorgione, qui peignait avec quelque mérite, eût dissimulé cette barrière préjudiciable au modelé. — Nous avons bien gagné d'aller faire un tour à la campagne! aussi irons-nous, après avoir pris un des bateaux amarrés au *Quai d'Orsay* et si grassement peints par M. Grandsire, atterrir près du *Vieux Moulin* détraqué, si pittoresquement campé au beau milieu de la rivière de l'Ebre. Quel mystérieux endroit, et comme M. César de Cock a bien fait d'aller s'y reposer. Personne n'est plus adroit que M. C. de Cock, si ce n'est M. Defaux, ou bien encore M. Pelouse. Mais à tant d'habileté, combien je préfère les saines interprétations de la nature, peintes simplement et *sans ficelles,* par MM. Sauzay, Delpy, Paul Colin, Groiseilliez et Guillon, qui n'y mettent pas de malice, et, plus sincères, ne traitent pas si cavalièrement la nature, au risque de faire plus d'un accroc à la robe de la vérité. *Les Bords de la Marne,* par M. Victor Dupré, sont placés tellement à contre-jour qu'on pourrait croire à du parti pris. Mais M. V. Dupré a heureusement fait ses preuves, et chacun connaît le talent si fin de ce peintre sincère dont le frère est un des précurseurs de toute l'école contemporaine. On a oublié de récompenser les *Cerfs bramant à la lune,* une toile splendide et d'une impression des plus poétiques, par M. Masson. Cela valait pourtant mieux que les paysages de M. Rapin. Parler des *Fromages* si alléchants de M. Ph. Rousseau, c'est exciter à la convoitise, absolument comme indiquer où se trouve *le Pâté à la viande*, signé Eug. Villain, un bon faiseur, je vous en réponds. Ne passez pas sans lire l'*Affiche à Rome*, par M. Sautai, d'une fermeté d'exécution qui un peu plus dégénérerait en dureté, ni sans voir les grandes *Plaines de la Beauce*, par M. Ségé, inondées de soleil, mais d'un faire trop égal et sec, et aussi le *Pierrot au violon*, excellente toile de M. Salmson. Voici ensuite un *Marché à Naples*, d'une gaieté folle, avec force macaroni, par M. Raynaud, et encore du macaroni non moins excellent préparé par M. Sain.

M. Fr. Du-Mont nous fait assister à une *Fête intime* avec accompagnement de guitare. Il y a de jolies notes.... de couleur dans cette toile, la composition s'arrange bien, les vêtements sont riches, mais les figures sont un peu courtes, au contraire de celles de M. de Jonghe qui, elles, sont si longues, qu'elles n'en finissent pas.

Le Lutrin, de M. Fr. Flameng, est d'une chaude coloration, et quand M. Herpin mettra un peu d'air dans ses vigoureux mais un peu durs paysages, il comptera parmi les meilleurs peintres en ce genre.

Allez vite caresser les *Chatons* de M. Eug. Lambert, puis, après un regard sur des morceaux de nature bien francs par MM. Montenard, Boudier et Berton, des jeunes qui iront loin s'ils ne s'arrêtent en route, nous nous recueillerons devant l'*Interdit* de M. J. Paul Laurens. Dans une cour murée précédant une église romane dont le porche est encombré de broussailles recouvertes d'un voile lugubre, deux cadavres chrétiens sont abandonnés comme des chiens pour pourrir sans sépulture. Pas un être vivant, le silence ! Voilà le tableau. Impossible d'exprimer la profonde impression de cette scène muette et désolée. La couleur est tenue dans une gamme sévère, l'exécution est ferme, serrée, et ne visant qu'à poursuivre la réalité de ce sinistre drame. M. J.-Paul Laurens est un peintre grave qui cherche à émouvoir et à provoquer la rêverie philosophique, recherchant les sujets tragiques, mais exempts de fracas, et frappant d'autant plus l'imagination, que rien ne vient distraire les yeux et déranger l'unité expressive. L'excommunication de Robert le Pieux est dans les mêmes conditions de sobriété. Les évêques, juges suprêmes, s'en vont jetant un dernier regard sur les deux époux royaux, accablés par la sentence et abandonnés. Aucun détail inutile, à moins qu'il ne soit significatif comme par exemple le cierge fumeux et renversé. C'est de l'art de haut vol et qui tranche singulièrement dans notre civilisation énervée sur la banalité des productions modernes. — On peut après cela se reposer l'esprit sur les *Marées, basse et montante,* si bien observées par Mlle La Villette, et aussi sur la petite marine étincelante de M. Philippon, qui connaît ses *mouettes* sur le bout.... de la brosse, comme M. de Penne sait par cœur les chiens normands et de Saint-Hubert, qu'il peint du reste avec une fermeté bien remarquable. M. Pille est bien malade et le mauvais teint gris de ses tableaux ne fait présager rien de bon. Pour M. Ribot, il a assez de tempérament pour qu'on puisse espérer encore, mais après qu'il aura lu et relu les pages 75 et 76 du Salon de 1866 par Ed. About. Il n'y a que des flatteurs qui puissent lui crier bravo en présence de son *Cabaret normand.* M. Vollon est toujours un maître armurier et nul mieux que lui ne s'entend à fourbir *Casques et cuirasses.* Quant à son cochon, il a bien les pattes un peu minces, mais mon Dieu ! que le mou rose est réjouissant à l'œil et comme il compense bien ce léger détail. Citons bien haut non pas les œuvres de M. Robinet, mais ce qui vaut assurément mieux, les très remarquables *Moulières*, par M. Poirson. Il se dégage de cette toile un âpre sentiment de tristesse à la vue de ces pauvres pêcheuses à l'accoutrement délabré, revenant éreintées de leur rude besogne. Le ciel est sombre, un vent humide et salé leur cingle le visage, collant leurs jupes sur des formes osseuses. C'est empoignant au possible, comme tout ce qui est profondément senti. Pour varier les émotions, on n'a qu'à s'aller planter en face de la *Baigneuse indolente* qui se balance au-dessus d'un lac aux eaux limpides, à peine effleurées de son pied mignard, et que M. Léon Perrault a caressée du pinceau suave que vous lui connaissez. Le corps de *Sarah*, d'un dessin élégant, est modelé dans la perfection, sans compter que les yeux mi-clos et les lèvres roses de la blonde enchanteresse vous font rêver bleu azur. Voyez aussi du même auteur : la jolie petite pauvresse demandant un *petit sou*. Allons, soyez bon prince et donnez-lui en deux ; elle est, quoiqu'en haillons, si proprette et si soignée, qu'elle les mérite bien !

Voici encore *Un rêve* et fort agréable, car il est rose tendre, cette fois, et revêt des formes féminines des plus affriolantes. Mais si, *comme le dit Ossian, il se dissipa dans les vapeurs du matin*, M. Jules Lefebvre eut heureusement le temps de l'entrevoir pour notre grande satisfaction, et d'en faire une reproduction instantanée. Tout le monde n'a pas de ces bonheurs-là. *Chloé* est certainement faite au tour et peinte de la plus jolie façon, mais que sa physionomie est donc peu avenante ! André Chenier l'eût rêvée plus gracieuse assurément. Après le rêve, le réalisme ! Le *Chaudronnier*, de M. Legros, est bien mollasse d'exécution, il s'évanouit derrière ses chaudrons qui, seuls, captivent toute l'attention ; il ne sert absolument à rien et le tableau gagnerait à ce qu'il n'y fût pas.

M. Servin a fait, lui aussi, reluire sa chaudière d'or, une merveille! Mais au moins a-t-il eu le bon esprit de lui donner toute l'importance, en reléguant les personnages, des rats effrontés, dans l'ombre de son *Réduit*. Encore une tournée de campagne! mais en hiver cette fois! Depuis que M. Chenu a inventé la neige, il en tombe de plus en plus chaque année, et c'est à qui y arrêtera son fiacre et même plusieurs sous prétexte d'opposition. Il faut renoncer à compter toutes les toiles blanches du Salon, mais il faut, après l'examen attentif de la *Petite rue neigeuse* de M. Petillion et du *Boulevard Rochechouart*, par M. Delpy, d'une impression très juste, nonobstant le manque d'aplomb des arbres et des vespasiennes; il faut, dis-je, s'arrêter longtemps devant le *Paysage* de M. Eug. Lavieille. Ce n'est plus là une pochade fantaisiste faite dans le seul but d'écraser du noir sur du blanc, mais une œuvre sérieuse d'une impression pénétrante et poétique. C'est le moment où le ciel rosé conserve seul encore quelque pâle lumière et que l'ombre envahissante du soir étend par terre son fin manteau gris-perle agrémenté de broutilles roussâtres. Cela est senti et *vécu*.

M. Denneulin a fait patauger dans la neige de pauvres musiciens bohêmes qui s'efforcent de réaliser une maigre recette. Les physionomies de tous ces Alsaciens sont des mieux observées, et au rire provoqué tout d'abord par leurs mines comiques, succède une profonde pitié. Ce tableau a été récompensé fort justement et, chose curieuse, M. Denneulin n'est pas élève de M. Cabanel!

IV

Puisqu'aussi bien nous avons prononcé le nom de M. Cabanel à la fin de notre précédent article, disons tout de suite notre impression sur son envoi de cette année. Assurément, ce maître compte dans son passé assez d'œuvres remarquables pour avouer tout le premier l'infériorité de sa *Vénus* sur celle qui jadis disputa le succès à M. Baudry. Ce n'est pas là un souvenir désagréable à rappeler, puisqu'aujourd'hui encore, en se remémorant ces deux ravissantes créations, on reste indécis dans sa préférence. Mais parlons de la toile capitale de M. Cabanel. *Thamar*, outragée par Amnon, se réfugie chez son frère Absalon. L'œil est choqué, il faut bien le dire, par un amalgame de tons ennemis se jalousant entre eux, comme le bleu sourd du fond qui crie après le rouge cru du manteau, et certains violets louches se mariant avec répugnance à des verts trop acides. Évidemment, M. Cabanel a voulu faire œuvre de coloriste, et, préoccupé visiblement d'H. Regnault, il a tenté de pénétrer dans son domaine. Malheureusement, n'en ayant pas la clef, il dut rester à la porte, condamné à regarder par le trou de la serrure. Mais il y a à compter avec le dessinateur, et, en vérité, peu feraient une figure plus parfaite que Thamar, qui, accablée de honte et affaissée sur les genoux d'Absalon, forme une belle ligne ondoyante qui relie la composition de la façon la plus heureuse. Pour les extrémités, elles sont irréprochables, et la négresse qui se retourne, mue par un sentiment de commisération, est d'une allure souple et vraie qu'on ne saurait trop louer. Somme toute, les grandes qualités qui se trouvent dans ce tableau ne suffisent pas à racheter l'impression fâcheuse qu'il produit par l'aspect âpre de l'harmonie, et il ressemble assez à l'*Enfer*, qui, lui aussi, est « pavé des meilleures intentions, » sans pour cela parvenir à s'attirer des clients enthousiastes. — Mentionnons élogieusement une excellente *Cassandre*, ainsi qu'un portrait bien habile de M. Comerre, puis un *Abel* dessiné par M. Bellanger avec une grande correction, et qui a été récompensé à juste titre.

Après avoir compulsé mes notes, je suis tellement effrayé du nombre de peintures impossibles à passer sous silence, que je crois utile, si je veux arriver à la fin, de courir sus aux Z. Je traverserai donc le limpide *Étang de Ferrette* avec M. Zuber, et naviguerai de manière à aborder à mon point de départ, en attaquant successivement les centres. Sans plus tarder, je glorifierai *Saint Léonard* d'avoir servi de thème à M. Zier pour faire un excellent tableau religieux dans le sentiment élevé d'H. Flandrin ; puis, passant à travers les *Cuirassiers* en plomb de M. Yvon, j'irai me reposer dans la *Prairie* si plantureuse de M. Watelin, qui a une autre toile splendide d'effet et de coloration, un *Moulin à Gamaches*. L'exécution de ces deux paysages est d'une franchise rare, rappelant à la fois Diaz et J. Dupré. Il est à remarquer que les moulins ont toujours porté bonheur aux peintres, depuis Rembrandt et Constable, jusqu'à MM. Watelin et C. de Cock, sans compter les autres. Madame Zetterstroïm a un intérieur laponnais qui non-seulement est peint avec la plus grande intelligence, mais encore qui offre des types bien originaux ; mêmes éloges pour le *Marchand de faïence dans le Finistère*, de M. Wylie, élève distingué du grand sculpteur Barye. Pour M. Vibert, il a vraiment bien de l'esprit, mais semble trop croire que la drôlerie du motif suffit et dispense du reste. Aussi, en regardant le faire maigrelet de la *Cigale et la Fourmi*, ne puis-je que déplorer le *Repos du peintre*.—On se demande pourquoi M. Washington, qui remplace si honorablement M. Fromentin, n'a jamais obtenu de récompense. Son *Cheikh-el-Arab*, et surtout *Dans la montagne, en Kabylie*, sont deux œuvres attirantes par l'ampleur de la touche et le charme de la coloration. Mais, ainsi va le monde ! et M. Washington, qui attend toujours son brevet de peintre, se voit râfler la médaille par les *Prisonniers marocains* de M. B. Constant, un nouveau venu, assurément plein de promesses, mais qui, certes, pouvait attendre. M. Walberg abuse de son adresse et paraît préoccupé avant tout d'être original. Son exécution devient égratignée, et ses *Bouleaux* sont un peu *ficelles*. L'impression de sa *Nuit à Winga* est assez empoignante encore, malgré l'effet désagréable des vagues clapotantes et métalliques. Que le *Franc Marché*, de M. Vuillefroy, est donc préférable ! Quelle lumière intense et vraie, et que la composition en est heureuse et amusante ! On ne se lasse pas de circuler parmi les chevaux aux robes miroitantes et s'échelonnant, dans une perspective des plus justes, jusqu'au fond de la place pittoresque, où le mugissement des génisses plaintives se mêle au beuglement des farouches taureaux. Les *Bœufs à la Villette* offrent un peu de monotonie et de mollesse ; aussi, malgré son grand mérite, ce troupeau reste-t-il inférieur au *Franc Marché*. M. Veyrassat a trois tableaux des plus gais, mais l'*Abreuvoir* est peut-être le plus complet dans son harmonie argentine. Pour M. Van Marcke, son exécution devient de plus en plus maîtresse et sa couleur plus riche ; mais par quel privilége a-t-il donc au Salon quatre toiles, puisque le règlement n'en comporte que trois ? En consultant le livret, j'en vois bien un de sa fille, mais qu'est-ce que cela prouve ? Poursuivons et indiquons un très bon portrait d'un homme qui n'en a pas l'air, et qui est cependant l'excellent docteur Guépin de Nantes, par M. Borione, et, après examen d'une petite marine, *Bateaux corailleurs* à Antibes, délicieusement touchée par M. d'Alheim, et que M. Gambetta a eu le bon esprit d'acquérir, je vous conseille de faire une pose devant la *Folie d'Hugues Van Der Goes*, sans contredit l'une des œuvres les plus sérieuses de l'Exposition. Rien de beau comme la tête du célèbre peintre flamand, illuminée tout à coup par un éclair d'intelligence à l'audition de la musique sacrée qu'exécutent, pour le distraire, les moines du *Prieuré de Rouge-Cloître*. La composition est bien ordonnée, et l'effet, maintenu dans une belle gamme brune et chaude, est calculé pour faire valoir le héros principal, auquel les autres figures, quoique fort importantes, restent subordonnées. Certaines parties, comme le moine dans l'ombre et dont la main éclate en lumière, ainsi que celui debout à côté du fou sublime, sont dignes des maîtres espagnols. Une seule réflexion serait de trouver cette belle toile de M. Wauters un peu vieillotte et comme dépaysée au milieu des productions modernes. Il y a à en rabattre avec M. de Neuville, qui avait habitué le public à plus de vaillance et de largeur d'exécution. Sa manière devient minutieuse et n'est pas exempte de sécheresse. Il y a loin de l'*Attaque*, et surtout de la *Surprise*, à la *Voie ferrée*, sans vouloir remonter à la superbe *Avant-garde* traversant une rivière, et qui avait la tournure d'une page d'histoire. Aujourd'hui, ses sujets anecdotiques sont brodés avec un pinceau trop méticuleux. Par exemple, pour de la peinture qui n'est pas caponnée, ce sont les *Cuirassiers au cabaret*, du regretté Guillaume Régamey. Pour le coup, voilà qui est fort! demandez-le à M. Vollon, qui s'y connaît, et que j'ai surpris, un matin, se mirant dans une cuirasse. Je ne puis que citer, mais toujours dans les bons morceaux, le *Moine pensif* et si gras... de facture, par M. R. Julian, puis la *Devineresse* si splendide de couleur, de M. Richter, et les *Fins connaisseurs*, de M. Moyse, sans oublier le *Cordonnier*, de M. Lavidière, d'une coloration rougeaude superbe en vérité. Ajoutez encore sans crainte les *Fruits et poteries* de M. Pipard, le *Lavoir à Caen*, par M. Lépine, l'*Apollon et Daphné*, de M. Edouard, et aussi de M. Cassagne, l'*Étang* si lumineux des carpes de Fontainebleau. Accordez un regard sympathique à la vache pleurant son veau, ou la *Séparation*, par Von Thoren, et un autre à la *Gardeuse de moutons*, de M. Vayson, une belle toile un peu pâlotte, mais bien aérée et bien disposée.

Notons ensuite du gibier splendide de couleur et d'un métier étourdissant, signé D. Rozier; puis une vue dans la *Forêt de Fontainebleau*, bien croustillante et tripotée grassement en pleine pâte par M. Langerock; des *Arbres d'hiver* bien délicats par M. Sébillot, et une petite *Basse-cour* fort lumineuse sous la signature A. Jullien.

La manière de M. Harpignies est essentiellement décorative, aussi est-ce à ce point de vue qu'il faut se placer pour apprécier le réel mérite des *Chênes de Château-Renard* et de la *Vallée de l'Aumance*, d'une lumière endiablée. De M. Nazon, je n'ose rien dire, parce qu'il est, paraît-il, si bon garçon, qu'il serait malséant de trouver son *Rocher de Caylus* sec et métallique, aussi ne le dirai-je pas.

Je parlerais bien aussi du grand *Enfer* de M. G. Doré, mais cette *septième enceinte* est si immense, et je dispose de si peu de place, que je ne pourrais jamais arriver à rechercher et à énumérer toutes les qualités qui peuvent s'y trouver.

Le *Sacrifice à la patrie* de M. O. Merson, est conçu dans un style pompeux et boursoufflé qui rappelle les figures exagérées jusqu'à l'afféterie, sous prétexte de désinvolture, du vieux Abraham Blœmaërt. Le dessin et le modelé sont ronds et toutes ces draperies voltigeantes semblent de l'habileté calligraphique. M. O. Merson était bien plus simple et sévère dans son esquisse si belle du *Loup d'Agubio*.

La *Léda*, de M. Courtat, est d'un grand goût de dessin qui n'exclut pas le ton fin, juste, et se modèle largement avec un sentiment d'une rare distinction. M. Goupil a un succès mérité par sa *Merveilleuse;* et M. Jacquet avec sa délicieuse *Rêverie* en velours rouge, a conquis la palme qu'il n'aurait pas obtenue avec sa *Vedette*, molle au possible, ni ses *Lansquenets*, offrant, il est vrai, de belles qualités, mais noyées au milieu d'erreurs frisant le ridicule, comme par exemple le petit guerrier casqué, porteur d'un bouclier énorme qui le masque en partie et le fait ressembler à une cible.

Un artiste qui n'a pas la réputation qu'il mérite, c'est M. Pasini. Coloriste raffiné, nul n'est plus ingénieux metteur en scène; et s'il se contente de toiles modestes, il les transforme en écrins précieux tant il y apporte de sémillantes qualités. Quoi de plus ravissant que la *Promenade dans le jardin du harem*, d'une exécution si ferme et si précise dans son intensité, et qui s'arrête là où commencerait la dureté ? Voyez également l'*Entrevue des chefs Métualis dans le Liban*, et dites si dans ce genre il existe rien de plus complet. Le *Chadouf* de M. Mouchot est encore une étude empreinte de vérité locale dans sa tonalité roussâtre, avec des figures bien justement observées. *Le Coup de vent sur le Nil*, de M. Berchère, paraît bien floche, malgré sa vérité d'impression. Quant au *Bivouac des Chameliers*, de M. Guillaumet, il est plus vrai qu'il ne semble avec ses silhouettes montagneuses se découpant crûment sur les roses cuivrés du ciel, et l'on s'en étonnerait si l'on ne savait la raréfaction de l'air dans l'immensité du désert. Ceci dit, on ne peut que louer le faire habile et la chaleur rissolante de cette belle page africaine.

La Mort de Sénèque, de M. Sylvestre, est une œuvre sérieuse qui promet un peintre remarquable. Le dessin en est ferme, puissant, et la composition a une grande tournure. Il faut louer de même *l'Insulte aux prisonniers*, de M. Maignan, où l'on trouve, avec un heureux agencement de lignes, des figures étudiées et des groupes d'une belle allure. Certaines parties de cette œuvre méritante font songer à Luminais, qui a pour son compte un *Roi Morvan*, et surtout un *Troupeau enlevé à l'ennemi*, d'un grand caractère dans sa couleur étrange.

N'oublions pas les franches et ingénieuses compositions

de M. Lix, ni le *Pillage de Gœmon*, de M. V. Thirion, d'une harmonie tranquille, quoique manquant un peu d'accent ; *Après la Tempête* de M. Guillou, encore un jeune qui n'a pas dit son dernier mot, ni enfin M Lhermitte qui a une toile vigoureuse, *Pélerinage à la vierge du Pilier*, déparée par quelques duretés, mais où l'on trouve des figures excellentes, comme la Paysanne allumant un cierge, à droite de la composition. Notons aussi une avenante et jeune *Villageoise aiguisant sa faucille*, par M. Palix, et l'*Escalade des Marins,* épisode du siége par M. Couturier, peinture corsée et vigoureuse. *Halte là!* de M. Roll, nous montre deux cuirassiers ennemis montés sur leurs chevaux cabrés et s'arrangeant de la belle façon. Cette grande et énergique page est un heureux souvenir de Géricault, absolument comme les *Canotiers* de M. Manet en sont un malheureux d'un Goya par trop japonisé. Cet artiste facétieux qui, depuis son *Bon bock*, semblait devoir se rapapillotter avec le public, est aujourd'hui plus éloigné que jamais de ce but auquel il semble, il est vrai, peu se soucier d'arriver. Cette année, c'est un déchaînement furibond contre lui, et il ferait peut-être bien de prendre ses précautions contre de farouches attaques. Quel homme peut bien être ce Manet? demandait dédaigneusement l'autre matin une jeune et gracieuse femme à son cavalier; et celui-ci, qui depuis quelques instants, planté les bras croisés devant l'*Argenteuil*, mordillait sa moustache fiévreusement, partit d'un juron que je me garderai bien de rapporter par ce temps d'ordre moral ; puis arpentant tout à coup la salle M, il lança aux échos étonnés une véhémente exclamation se terminant par un formidable : c'est honteux ! ! ! Il était déjà loin, et l'on entendait encore s'affaiblissant de plus en plus ... honteux, honteux ! !

Véritablement l'eau est un peu *bleue*, la Canotière est aussi par trop laide, mais pourtant j'oserai dire, dussé-je m'attirer des désagréments, que je trouve peu de *bonshommes* plus dans l'air que le *marin d'eau-douce*, et j'apprécie tellement cette qualité, rare comme le merle blanc, qu'elle me fait crier grâce pour M. Manet.

Il nous reste, pour terminer la peinture, à citer une délicieuse petite *Rue du Mont-Cenis à Montmartre*, par M. Ed. Yarz, un crépuscule et une joyeuse fête à Barbizon, par M. Gassies ; une toile importante de M. Dupain, intitulée : *la Jeunesse et la Mort*, d'une couleur fort agréable. Le groupe des amants est gracieux, mais l'amour qui préside à leurs doux ébats se déhanche très désagréablement, et comme sa présence est après tout fort inutile dans cette composition déjà un peu trop compliquée, il ferait mieux de s'en aller. M. Munkacsy, le Ribot hongrois, trempe toujours sa brosse dans le pot au noir, mais néanmoins reste transparent et sait relier bien habilement ses plus mystérieuses ombres à ses clairs les plus vifs par des demi-teintes d'une extrême finesse. Son *Héros de village* se préparant à boxer dans un cabaret ténébreux, en présence d'une cohue de curieux avides, est à la hauteur de ses *Rôdeurs de nuit*, mais cependant au-dessous de son *Condamné*, sa page capitale jusqu'à ce jour.

Pour M. de Beaulieu, sa préoccupation est de faire de la couleur, encore et toujours de la couleur, et pour cela il pose audacieusement des notes richissimes un peu au hasard, pourvu qu'elles fassent bien et produisent un effet piquant. Le dessin l'inquiète fort peu et souvent même pas du tout. Ainsi, le mouvement de sa jeune femme couchée sur le ventre est d'une telle bizarrerie que par un prodige de souplesse, cette *Couleuvre* féminine arrive à se caresser la chute des reins avec les omoplates. Sauf ce léger caprice, rien de réjouissant comme la peinture de M. de Beaulieu. Mais s'il se complaît dans les étrangetés, toujours est-il qu'il n'est jamais vulgaire, au contraire; il ressort de ce chaos une personnalité des plus distinguées, et il y a là une dose de talent à défrayer bien des peintres compassés, froids et ennuyeux.

J'allais oublier un excellent tableau d'animaux, très juste d'effet et peint avec grand savoir par M. Auteroche, ayant pour titre *la Herseuse*, et aussi deux portraits énergiquement modelés en pleine pâte par M. Haquette.

Nous ne pouvons mieux conclure que par *la Lyre brisée* ou l'Innocence, auprès de qui la *Cruche cassée* de Greuze n'est que de la Saint-Jean, et par les *Roses de Mai* ou le contraire, toile par trop érotique pour ne pas dire plus, mais toutes deux ravissantes de coloris, signées Chaplin, le peintre ordinaire des grâces!

SCULPTURE

Notre cadre étant limité, nous serons obligé de mentionner brièvement les œuvres les plus saillantes parmi celles qui émaillent en l'absence de fleurs le jardin de l'Exposition.

Commençons par le groupe en bronze de Mercié, *Gloria Victis!* Tout a été dit lors de son apparition sur cette œuvre remarquable qui, outre son très grand mérite artistique, a le privilége d'éveiller dans les cœurs des sentiments patriotiques en honorant ceux qui sont morts pour la défense du sol national.

Au même ordre d'idées appartient la gracieuse *Jeunesse*

déposant un laurier sur la tombe d'Henri Regnault. Puissent les jeunes se bien pénétrer de cet élan de reconnaissance envers un des plus héroïques de la généreuse phalange artistique, et, en regardant l'œuvre éminente de M. Chapu, admirer et se souvenir.

Signalons, après cela, *le Secret d'en haut*, idée ingénieuse incrustée dans un marbre pur, par M. Moulin, ainsi qu'un *Saint-Sébastien* d'un beau sentiment archaïque, par M. Lenoir; un *Démosthènes* inspiré, par M. Leroux, et un magnifique *Mohamed-Bey*, par M. Jacquemard.

M. Préault est moins tourmenté que d'habitude et expose un sage *Jacques Cœur*.

Quoi de plus ravissant de grâce que la *Jeune fille à la fontaine*. par M. Schœnewerk, et de plus original que la radieuse *Fantaisie* de M. Captier, aux formes sveltes et qui, en agitant joyeusement sa marotte d'une main et de l'autre sa girouette, fait naître l'idée de la... fixer.

Je trouve que la *Sirène* de M. Aubé a encore gagné à être coulée en bronze. On ne se lasse pas de regarder ce joli groupe si bien agencé dans le style de Clodion. Le jeune enamouré qui se traîne ou mieux se laisse entraîner par l'enchanteresse aquatique est d'un mouvement des plus heureux.

La *Jeanne d'Arc* (enfant), de M. Albert Lefeuve, est d'un sentiment délicat et naït. Cette jeune paysanne inspirée écoutant les voix, rappelle certaines figures de J. Breton, alliant à la fois le rustique à la poésie de la légende.

Il nous faut parler également de la *Chloé* buvant à la fontaine, gracieuse et mignonne figure, par M. Dupuis, et de l'*Aristote* (enfant), abîmé dans la méditation, fort bien modelé, par M. Degeorge.

Citons aussi une élégante *Diane* dans le goût du [illegible], par M. Alfred Lanson, et après un repos devant l'*Éducation maternelle*, de M. Delaplanche, d'un style [illegible] et large, nous terminerons par *le Chien de Montargis*, groupe en bronze d'une rare vigueur, par M. G. Debrie. Le mouvement de recul violent qu'opère l'assassin mordu à la gorge par le terrible mâtin est effrayant d'énergie : [illegible]ment on a osé violenter si savamment une musculature. Peut-être la draperie, qui, reliée à la jambe soulevée, semble la continuer, gagnerait-elle à être supprimée ? Du moins telle est notre appréciation sincère.

M. G. Debrie a également un buste bien vivant, celui du fils de notre rédacteur en chef, et un *Athlète* se préparant au combat d'un mouvement extrêmement juste. Avant de donner un aperçu de la gravure et de quelques dessins, citons encore quelques bustes remarquables de MM. Carpeaux, Guillaume et Dubois ; ce dernier a notamment un portrait en bronze de Henner qui rappelle le faire de ce peintre.

Viennent encore M. Chappuy, avec le buste de M. Cabirol, et celui du docteur Dereins, par M. H[illegible]. puis M. Victor Dupré, plâtre teinté de sanguine, par M. Rougelet. M. Mathieu Meusnier a le buste de madame Mongruel, pendant le sommeil magnétique, œuvre remarquable et curieuse, et M. Germain, un délicieux [illegible] buste d'enfant. M. C. de Vercy a fort ingénieusement interprété la fable de La Fontaine, en représentant l'homme réveillé par la meurtrissure légère produite par la chute d'un gland, et comprenant, en regardant une citrouille à ses pieds, combien *Dieu fait bien ce qu'Il fait*. M. Thomas a un *Christ en croix*, qui n'est pas sans analogie comme puissance de modelé avec celui de M. Bonnat; et M. Geoffroy est l'auteur d'une *A[illegible] et son enfant*, rappelant beaucoup le baptême du spirituel peintre strasbourgeois, Jundt.

Nous finirons cette revue du Salon en indiquant les gravures et les quelques dessins principaux qui la compléteront utilement. MM. Allongé, Appian, Lalanne et Bellel sont les maîtres du fusain, et il est impossible de faire mieux que le *Torrent* du premier et le *Port de Bordeaux* de M. Lalanne. Ajoutez à ces quatre chefs de file, M. Karl Robert, M. Delauney et M. Boëtzel qui a un *Guitariste*, grandeur nature, très largement compris ; et avec les *Halles à Rennes et la Rampe du Saint-Bernard*, par M. Eugène Deshayes, vous pourrez vous faire une idée de la perfection en ce genre. De M. Bida, il y a une aquarelle splendide, *Jérôme Savonarole*, et de M. Harpignies, un maître aquarelliste, une *Vue de Parc*, d'un ton blond et fin, exquis de distinction. M. Servin a un *Alchimiste* d'une couleur superbe, et M. J. Lessore des *Marines* incroyables de limpidité. Parmi les pastels, il faut surtout remarquer deux ravissants portraits, par M. Du Motel; un dessin au crayon teinté, par M. Pipard, excellent élève de Gigoux, d'un travail presqu'aussi fin que l'esprit de l'humoristique écrivain, Jean Dolent, qu'il représente. N'oublions pas de mentionner élogieusement des fleurs superbes à la gouache, par mademoiselle Pauline Gérôme, et des aquarelles adorables, par M. Froment. Dans la gravure, le talent abonde. La *Jeune fille*, d'après Chaplin, gravée sur bois, par M. Pannemaker, est un véritable tour de force. En eaux-fortes, M. Chauvel, entre autres pièces remarquables, expose une *Forêt*, d'après Théodore Rousseau, merveilleuse d'interprétation. Puis il n'y a qu'à citer, pour en faire l'éloge, MM. Rajon, Gaucherel, Courtry, Huot, Edwards et Greux. Ce dernier a gravé de sa pointe la plus spirituelle et la plus ferme, un magnifique *Carrosse italien du dix-huitième siècle*, et M. Waltner, *une Tête de femme*, d'après Ricard, qui est une véritable merveille. Ensuite, on ne saurait trop regarder les *Episodes de la guerre* 70-71, par M. Lançon, le puissant graveur des lions et des tigres qui n'ont certainement pas de plus vigoureux et de plus savant interprète. M. Lançon est le Bidel des aquafortistes! Nous ne pouvons mieux conclure qu'en citant un gracieux portrait de madame Mélanie Reboux, lithographié par M. Sirouy, qui n'a de rival dans cette spécialité que MM. Pirodon, Soulange-Tessier, Gilbert, V. Loutrel, etc., etc.

Nous nous arrêtons en demandant pardon aux artistes que nous avons oubliés, sachant trop combien de talents encore mériteraient d'honorables mentions ; mais à tout il y a une fin, et il faut bien se décider à la faire, surtout quand on ne peut pas faire autrement.

www.ingramcontent.com/pod-product-compliance
Ingram Content Group UK Ltd.
Pitfield, Milton Keynes, MK11 3LW, UK
UKHW020408220726
13923UKWH00004B/1821